Andrej Berschadsky

Qualitative Faktoren in der Unternehmensbewert

Andrej Berschadsky

Qualitative Faktoren in der Unternehmensbewertung

GRIN Verlag

Bibliografische Information der Deutschen Nationalbibliothek: Die Deutsche Bibliothek
verzeichnet diese Publikation in der Deutschen Nationalbibliografie; detaillierte bibliografische Daten sind im Internet über http://dnb.d-nb.de/ abrufbar.

1. Auflage 2007
Copyright © 2007 GRIN Verlag
http://www.grin.com/
Druck und Bindung: Books on Demand GmbH, Norderstedt Germany
ISBN 978-3-640-32557-3

Bergische Universität Wuppertal
Fachbereich B
Wirtschaftswissenschaften

PRAXISLABOR FÜR FINANZMÄRKTE

Sommersemester 2007

Praxislabor

Thema

Qualitative Faktoren in der Unternehmensbewertung

verfasst von

Andrej Berschadsky
und
Alexander Pevzner

Düsseldorf, den 31.10.07

Inhaltsverzeichnis

I

Abkürzungsverzeichnis

bspw.	beispielsweise
bzw.	beziehungsweise
ca.	circa
CAPM	Capital Asset Pricing Model
CDAX	Composite Deutscher Aktienindex
d.h.	das heißt
DAX	Deutscher Aktienindex
DCF	Discounted Cash Flow
DFCF	Discounted Free Cash Flow
EBIT	Earnings before Interest and Taxes
EBITDA	Earnings before Interest, Taxes, Depreciation and Amortization
EPS	Earnings per Share
etc.	et cetera
f.	folgende
ff.	fortfolgende
GpM	Gewinn pro Mitarbeiter
GuV	Gewinn und Verlust
Hrsg.	Herausgeber
IFRS	International Financial Reporting Standards
IPO	Initial Public Offering
MpM	Marktkapitalisierung pro Mitarbeiter
OECD	Organization for Economic Co-operation and Development
o. J.	ohne Jahresangabe
PVEA	Present Value of Existing Assets
PVGO	Present Value of Growth Opportunities
S.	Seite
sog.	so genannte
UpM	Umsatz pro Mitarbeiter
US-GAAP	United States Generally Accepted Accounting Principles
Vgl.	vergleiche
z. B.	zum Beispiel

Abbildungsverzeichnis

Tabellenverzeichnis

1. Einleitung

In der modernen Unternehmensbewertung ist die Ermittlung eines objektiven und zugleich realistischen Unternehmenswertes ohne Berücksichtigung der qualitativen Faktoren kaum denkbar. Jedoch tritt an dieser Stelle häufig eine gewisse Problematik auf, denn es existieren heutzutage keine allgemeingültigen Meßmethoden der qualitativen Faktoren.

Die Zielsetzung dieser Arbeit besteht darin die Bedeutung der qualitativen Faktoren in der Unternehmensbewertung darzustellen. Insbesondere liegt der Fokus der Arbeit auf dem Human Capital und dessen Einfluss auf den Unternehmenswert. Zu diesem Zweck wird eine empirische Untersuchung durchgeführt, mit dem Ziel eine statistische Aussage darüber zu gewinnen, ob der qualitative Faktor Human Capital einen Einfluss auf den Unternehmenswert nimmt.

Der erste Schritt der Arbeit bezieht sich auf die praxisrelevanten Bewertungsmethoden und deren Schwachstellen. Im zweiten Schritt wird auf die Zusammensetzung des Unternehmenswertes eingegangen. Des Weiteren wird die Bedeutung des Intellectual Capitals, vor allem des Human Capitals, in der Unternehmensbewertung erläutert und die Problematik dessen Wertermittlung dargestellt. Im Anschluss daran soll Aufbau der empirischen Untersuchung verdeutlicht sowie deren Ergebnisse präsentiert werden.

2. Unternehmensbewertung

Wenn man über die Unternehmensbewertung spricht, dann ist damit ein Instrument des ökonomischen Handelns gemeint, das der Ermittlung des Unternehmenswertes oder dessen einzelnen Teilbereichen dient.

Der Unternehmensbewertung kommt im heutigen Wirtschaftsleben eine immer wichtigere Rolle zu. Eine zunehmende Anzahl an Fusionen, Restrukturierungen und IPOs bestätigen dies. Darüber hinaus rücken Unternehmensbewertungen immer mehr in den Mittelpunkt der strategischen Unternehmensführung, Rechnungslegung und Finanzierung eines Unternehmens. Ferner wird es dem Management ermöglicht, die Marktposition des eigenen Unternehmens effizienter beurteilen zu können.

Um ein Unternehmen zu bewerten, existieren unterschiedliche Ansätze. Im Rahmen des folgenden Kapitels werden nur die am meisten verbreiteten Verfahren erläutert.

2.1 Praxisrelevante Bewertungsmethoden

Zukunftserfolgswertorientierte Verfahren basieren auf den den Eigentümern künftig zufließenden prognostizierten diskontierten Nettozahlungen, die aus unterschiedlichen Handlungen des Unternehmens resultieren.[1] Dabei werden bei der Ertragswertmethode die zukünftigen Ausschüttungen aus Gewinnen abgeleitet, während bei der DCF-Methode[2] (genauer: DFCF-Methode) die Bewertung auf Basis der sog. Free Cash Flow[3] erfolgt, die zur Bedienung der Investoren bereit stehen.[4] Jedoch ist es prinzipiell unerheblich, welche der beiden Sichtweisen vertreten wird, da bei der Bewertung im Endeffekt sowohl Free Cash Flows als auch die Gewinne betrachtet werden müssen.[5] Das Multiplikatorverfahren ist eine vereinfachende Methode zur Bestimmung des Unternehmenswertes. Die Bewertung basiert auf einem Vergleich mit Drittunternehmen respektive dem Kapitalmarkt, wobei unter Umständen lediglich die Größenunterschiede und Branchenzugehörigkeit beachtet werden müssen.[6]

Bei der Bewertung werden verfügbare Kenngrößen (z.B. EBIT, EBITDA, Umsatz etc.) mit dem branchenspezifischen Multiplikator multipliziert. Das Ergebnis bildet den geschätzten Unternehmenswert ab. Ein mit Hilfe von Multiples berechneter Unternehmenswert dient jedoch nur der Plausibilisierung der mit anderen Verfahren ermittelten Werte.[7]

2.2 Schwachstellen der Bewertungsmethoden

All diese praxisrelevanten Bewertungsmethoden liefern zwar die Basis für die Ermittlung des Unternehmenswertes, weisen jedoch gewisse Schwachstellen auf. Zukunftserfolgswertorientierte Verfahren sind ausschließlich an quantitativen Größen ausgerichtet, sodass die qualitativen Faktoren, die sich weitgehend auf die Veränderungen der quantitativen Größen auswirken, in einem eingeschränkten Umfang berücksichtigt bleiben. Im Grunde genommen fließen die qualitativen und quantitativen Faktoren bei diesen Bewertungsansätzen nur insoweit in die Bewertung mit ein, wie sie

---

[1] Vgl. Ballwieser W. (2002), Unternehmensbewertung, S. 12ff.
[2] Discounted Cash Flow.
[3] dem Unternehmen zufließenden Zahlungsüberschüsse nach Abzug aller Investitionen.
[4] Vgl. Coenenberg A./ Schultze, W. (2002), Unternehmensbewertung, S. 604.
[5] Vgl. Coenenberg A./ Schultze, W. (2002), Unternehmensbewertung, S. 604.
[6] Vgl. Hail, L./ Meyer, C. (2002), Unternehmensbewertung, S. 575.
[7] Vgl. Coenenberg A./ Schultze, W. (2002), Unternehmensbewertung, S. 604.

sich in der Vergangenheit bis zum Bewertungsstichtag   in den Finanzzahlen niedergeschlagen haben.[8]

2.3 Der Unternehmenswert

Bislang stützte die Unternehmensbewertung überwiegend auf die Angaben der Bilanz bzw. der GuV. Allein auf Basis dieser Daten ist es kaum möglich zu einem objektiven Unternehmenswert zu gelangen. Damit man eine befriedigende Aussage über den Wert eines Unternehmens gewinnt, ist es notwendig die qualitativen Faktoren in die Unternehmensbewertung mit einzubeziehen.[9]

Die folgende Abbildung gibt einen Überblick über die Zusammensetzung des Unternehmenswertes.

Abbildung 1: Zusammensetzung des Unternehmenswertes

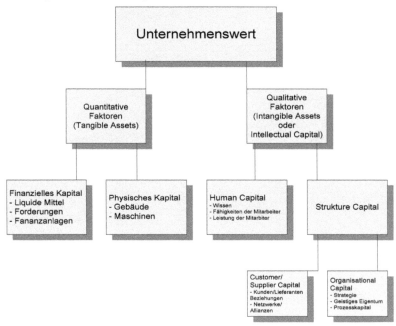

Quelle: eigene Darstellung in Anlehnung an Scholz C./ Stein V./ Bechtel R., S. 24

---

[8] Vgl. Hamel, W. (o.J.), Qualitative Unternehmensbewertung – Jenseits von Bilanz und Gewinn und Verlust (GuV), S. 319.
[9] Vgl. Hamel, W. (o.J.), Qualitative Unternehmensbewertung – Jenseits von Bilanz und Gewinn und Verlust (GuV), S. 319.

Das Problem bei der Berücksichtigung der qualitativen Faktoren besteht darin, dass diese nicht quantifiziert werden können. D.h. es kann kein mathematischer Zusammenhang zwischen den qualitativen Faktoren und dem Unternehmenswert hergeleitet werden, sodass deren Einfluss lediglich annähernd geschätzt werden kann.[10]

3. Wert des Intellectual Capitals

Wie aus der Abbildung 1 zu ersehen ist, hängt der Wert eines Unternehmens nicht zuletzt von den qualitativen Faktoren, im Folgenden Intellectual Capital genannt, ab. Generell stellt das Intellectual Capital das in einem Unternehmen gespeicherte Wissen dar, wobei alle seine Komponenten in der Interaktion zueinander stehen.[11]

Das Intellectual Capital in seiner Gesamtheit kann anhand eines marktwertorientierten Ansatzes ermittelt werden. Dabei wird eine marktbezogene Einschätzung des Intellectual Capitals, basierend auf quantitativen Kenngrößen, vorgenommen.[12] Der marktwertorientierten Methode zufolge ergibt sich der Wert des Intellectual Capital aus der Differenz zwischen dem Marktwert (Marktkapitalisierung) eines Unternehmens und dem billanziel ausgewiesenen Eigenkapital (Buchwert).[13] Da die Marktkapitalisierung Kursschwankungen unterliegt, kann dies die Aussagekraft dieses Ansatzes stark beeinträchtigen. Die Abweichung zwischen dem Marktwert und dem Buchwert kann dadurch erklärt werden, dass der bilanzielle Buchwert vergangenheitsbezogen ist, während der Marktwert einen zukunftsbezogenen Charakter aufweist, denn die Börse preist die Zukunftserwartungen bereits heute ein.

Andererseits kann das Intellectual Capital („Goodwill"/Geschäfts- oder Firmenwert) bei den Unternehmensakquisitionen als Differenz zwischen der Summe des bilanzierten materiellen und immateriellen Vermögens und des Kaufpreises errechnet werden. Ein hoher Unterschiedsbetrag kann als Indikator für ein hohes Intellectual Capital eines Unternehmens interpretiert werden, wobei dessen erheblicher Teil auf das Human Capital entfällt.[14]

---

[10] Vgl. Hauser, T. (2002), Die Bedeutung qualitativer Aspekte bei der Bewertung von Akquisitionskandidaten, S. 27.
[11] Vgl. Erickson, S./ Rothberg, H. (2000), Intellectual capital and competitiveness, S. 192.
[12] Vgl. Scholz, C./Stein, V./ Bechtel, R. (2004), Human Capital Management, S. 54.
[13] Vgl. Dzinkowski, R. (2000), The measurement and management of intellectual capital, S. 35.
[14] Vgl. Wucknitz (2002), Handbuch Personalbewertung, S. 3f.

3.1 Human Capital

Unter Human Capital versteht man das von den Mitarbeitern zur Verfügung gestellte Leistungspotential.[15] Als Leistungspotenzial wird „die Gesamtheit der Fähigkeiten, Fertigkeiten, Erfahrungen und Kenntnisse von Individuen, aber auch deren Wissen, Können und Kreativität" definiert.[16] Das Human Capital steht prinzipiell in einer Zweckbeziehung zu dem selbst geschaffenen Organisational Capital, was letztendlich besagt, dass das Organisational Capital nur in Verbindung mit dem dazugehörigen Human Capital einen Wertbeitrag erzeugen kann. Es wird also angenommen, dass das Human Capital für den Aufbau des Organisational Capital sorgt und beide zusammen Customer/Supplier Capital generieren.[17]

In der Studie von Ernst & Young „Measures that matters" wurde untersucht, welche der nichtfinanziellen Größen für die Investoren von großer Bedeutung sind. Über 60 Prozent der befragten Investmentbanker gaben an, dass der Einfluss der nicht-finanziellen Faktoren auf ihre Investitionsentscheidung zwischen 20 bis 50 Prozent liegt. Im Durchschnitt wurde eine Beeinflussung von 35 Prozent ermittelt.[18]

Folgende Tabelle gibt den Überblick über die Indikatoren mit den jeweiligen Bewertungen auf 7-Punkte Likert[19]-Skala mit 1 für „überhaupt nicht wichtig" und 7 für „sehr wichtig".

Tabelle 1: Nichtfinanzielle Wertindikatoren mit der höchsten Bewertung

Rang	Indikator	Punkte (Durchschnitt)
1	Umsetzung der Unternehmensstrategie	6,26
2	Glaubwürdigkeit des Managements	6,16
3	Qualität der Unternehmensstrategie	5,92
4	Innovationsfähigkeit	5,77
5	Attraktivität aus Mitarbeitersicht	5,91
6	Marktanteil	5,60

---

[15] Vgl. Dzinkowski, R. (2000), The measurement and management of intellectual capital, S. 33.
[16] Vgl. Caspers, R. (1996), Anforderungen an internationale Manager im Zeitalter der Globalisierung, S. 274.
[17] Vgl. Dzinkowski, R. (2000), The measurement and management of intellectual capital, S. 33.
[18] Vgl. Mavrinac, S./ Siesfeld, T. (1998): Measures that Matters, S. 13ff.
[19] Der bekannte Humankapital-Forscher R. Likert ermittelte schon 1967 einen Gesamtwert des Personals durch Befragung von Führungskräften.

7	Erfahrung des Managements	5,54
8	Qualität des Entlohnungssystems	5,48
9	Forschungsführerschaft	5,40
10	Qualität der Unternehmensprozesse	5,34

Quelle: eigene Darstellung in Anlehnung an Mavrinac, S./ Siesfeld, T., S. 14

Das Resultat dieser Untersuchung ist insoweit erwähnenswert, dass fünf der zehn höchstplatzierten Indikatoren einen direkten Bezug (Rang 2, 4, 5, 7, 9) und drei Indikatoren (Rang 1, 3, 8) einen indirekten Bezug zum Human Capital aufweisen. Aufgrund dieser Erkenntnisse wird angenommen, dass der Wert des Intellectual Capitals überwiegend durch das Human Capital determiniert wird.

Bei der Ermittlung des Wertes des Human Capitals steht nicht der Mensch als Bewertungsobjekt im Mittelpunkt der Betrachtung, sondern das von ihm bereitgestellte Wissen und seine Fähigkeiten und das daraus resultierende Nutzen für das Unternehmen.[20] Die Wertbestimmung des Human Capital ist jedoch weitgehend mit verschiedenen Problemen verbunden.[21] Erstens kann die Leistung jedes einzelnen Mitarbeiters nicht genau errechnet werden, da sich die Wertschöpfung als Ergebnis der Interaktion der Gesamtheit der Beschäftigten mit dem Structure Capital und Tangible Assets ergibt. Zweitens gibt es für solche qualitativen Größen wie z.b. Kompetenz oder Glaubwürdigkeit kein allgemein gültiges Bewertungsverfahren.

Dieser Arbeit basiert auf einer marktorientierten Betrachtung des Human Capitals anhand der drei nachfolgenden Kennzahlen: Umsatz pro Mitarbeiter; Gewinn pro Mitarbeiter und Marktkapitalisierung pro Mitarbeiter. Dabei wird angenommen, dass jeder Mitarbeiter im gleichen Maße zur Wertschöpfung eines Unternehmens beiträgt.

3.1.1 Umsatz pro Mitarbeiter

Umsatz pro Mitarbeiter dient der Beurteilung der durchschnittlichen Produktivität pro Mitarbeiter und stellt eine Verbindung zwischen dem Human Capital und der Gesamtleistung her.[22] Hierbei gewinnt man eine Vorstellung über den Anteil des einzelnen Mitarbeiters an dem Umsatz[23] und somit eine quantitative Aussage über die

---

[20] Vgl. Le Blanc, P./ Muley, P./ Rich, J. (2000), Improving the Return on Human Capital, S. 13.
[21] siehe Kapitel 2.3.
[22] Vgl. Baetge, J./ Kirsch H./ Thiele S. (2004), Bilanzanalyse, S.399ff.
[23] Vgl. Baetge, J./ Kirsch H./ Thiele S. (2004), Bilanzanalyse, S.399ff.

Effizienz und die Managementqualitäten einer Unternehmung.[24] Diese Kennzahl wird ermittelt, indem die Umsatzerlöse in Relation zu der durchschnittlichen Anzahl der Mitarbeiter der betrachteten Periode gesetzt werden. Je höher das Verhältnis Umsatz pro Mitarbeiter ist, desto wirkungsvoller scheint das Unternehmen organisiert zu sein.[25]

3.1.2 Gewinn pro Mitarbeiter

Nach IFRS und US-GAAP müssen börsennotierte Unternehmen sowohl das unverwässerte als auch verwässerte Ergebnis pro Aktie (EPS) in der GuV ausweisen.[26] In dieser Arbeit erfolgt die Ermittlung des Gewinns durch Multiplikation des unverwässerten Ergebnisses je Aktie mit der gewichteten Zahl der ausstehenden Stammaktien der betrachteten Periode, sodass der Gewinn ein unverwässertes Jahresüberschuss des Unternehmens darstellt. Der durchschnittlich erwirtschaftete Gewinn pro Mitarbeiter wird ermittelt, indem der insgesamt erwirtschaftete Gewinn durch die durchschnittliche Anzahl der Mitarbeiter in der betrachteten Periode dividiert wird. Anhand dieser Kennzahl erhält man eine quantitative Aussage über die Leistungsfähigkeit des Human Capitals.

3.1.3 Marktkapitalisierung pro Mitarbeiter

Bei der Ermittlung der Marktkapitalisierung wurde die Anzahl der ausstehenden Stammaktien in der betrachteten Periode mit dem Aktienkurs am Ende des Börsenjahres multipliziert. Desweiteren wird die Marktkapitalisierung in Relation zu der durchschnittlichen Anzahl der Mitarbeiter der betrachteten Periode gesetzt. Anhand dieser Kennzahl kann man erkennen, wie die Börse das Human Capital eines Unternehmens im jeweiligen Geschäftsjahr bewertet hat.[27]

Insgesamt betrachtet, könnten die vorgestellten Kennzahlen den qualitativen Faktor Human Capital erklärbarer machen.

---

[24] Vgl. http://www.onvista.de/index.html.
[25] Vgl. http://www.onvista.de/index.html.
[26] Vgl. Coenenberg, A. (2005), Jahresabschluss und Jahresabschlussanalyse, S.1273.
[27] Vgl. http://www.onvista.de/index.html.

3.2 Present Value of Growth Opportunities (PVGO)

Ausgehend vom PVGO-Realoptionsansatz von Brealey & Myers lässt sich der Unternehmenswert unter Berücksichtigung des Wertes der Wachstumspotentiale eines Unternehmens ermitteln. PVGO stellt dabei den Barwert existierender Wachstumsoptionen des Unternehmens, d.h. den Wert des zukünftigen Wachstums-potentials dar. Falls keine Wachstumsgelegenheiten vorhanden sind, ergibt sich der Unternehmenswert, also der Marktwert des Eigenkapitals, lediglich aus dem Present Value of Existing Assets (PVEA), d.h. aus dem Barwert der diskontierten Einzahlungsströme, die aus den bereits getätigten Investitionen resultieren.[28]

Somit kann der Aktienkurs eines börsennotierten Unternehmens in zwei Komponenten aufgeteilt werden, nämlich in PVEA und PVGO:

$$\text{Aktienkurs} = \text{PVEA} + \text{PVGO}$$

$$\text{PVEA} = \frac{\text{EPS}}{r_{\text{CAPM}}}$$

EPS = Earnings per Share

r_{CAPM} = Eigenkapitalkostensatz via Capital Asset Pricing Model (CAPM)

3.2.1 Ermittlung der Eigenkapitalkosten

Der CAPM-basierte Eigenkapitalkostensatz wird mit der folgenden Formel berechnet[29]:

$$r_{\text{CAPM}} = r_f + (r_M - r_f) \times \beta$$

r_M = Marktrendite

r_f = risikoloser Zinssatz

β = unternehmensspezifisches Risiko

Zu der Ermittlung der Marktrendite wurde als Benchmark die DAX 30 - Rendite[30] im Jahr 2006 (21,98 %) und 2005 (27,07 %) herangezogen. Der risikolose Zinssatz wurde

---

[28] Vgl. Brealey, R./ Myers, S. (2003), Principals of Corporate Finance, S. 71ff.
[29] Vgl. Uzik, M. (2004), Berücksichtigung der Informationsunsicherheitsprämie im CAPM, S.35.
[30] Es wurde jeweils die Veränderung des Jahres 2005 zu 2004, 2006 zu 2005 betrachtet.

basierend auf der Studie von Conen und Väth[31] festgelegt, in der auf der Grundlage historischer Daten aus dem Untersuchungszeitraum von 1876 – 1992 ein risikoloser Zinssatz von 3,72 % ermittelt wurde. Das unternehmensspezifische Risiko wurde anhand der Kurshistorie der untersuchten Unternehmen in den jeweiligen Zeiträumen geschätzt.

4. Empirische Untersuchung

Das Wachstumspotential eines Unternehmens hängt nicht zuletzt von der Performance des Human Capitals im Unternehmen ab. Mit anderen Worten, je leistungsfähiger und effizienter das Human Capital eines Unternehmens ist, desto größer müssen, theoretisch, die vorhandenen Wachstumsmöglichkeiten sein. Daher wird im Rahmen der empirischen Untersuchung mit Hilfe der multivariaten Regressionsanalyse ein linearer Zusammenhang zwischen dem qualitativen Faktor Human Capital, ausgedrückt durch vorgestellte Kennzahlen, und dem optionalen PVGO-Anteil am Aktienkurs untersucht. Nachfolgend wird die der empirischen Untersuchung zugrunde liegende Stichprobe näher beschrieben.

4.1 Stichprobenumfang

Untersuchungsgegenstand ist der CDAX[32] bzw. dessen einzelne Sektoren. CDAX ist der Index der Deutschen Börse, der die Werteentwicklung aller im Prime Standard und General Standard gehandelten Aktien abbildet. Somit repräsentiert der CDAX alle an der Frankfurter Wertpapierbörse gelisteten Unternehmen, also die gesamte Breite des deutschen Aktienmarktes. Derzeit sind über 680 Titel im CDAX enthalten. Im Rahmen der Untersuchung werden 368 von denen in die Stichprobe aufgenommen, wobei Titel mit einer unvollständigen Datenbasis[33] nicht in die Analyse miteinbezogen werden konnten, sodass die Stichprobe einen Umfang von insgesamt 298 gültigen Werten aufweist. Dennoch stellt die Stichprobe ein repräsentatives Bild deutscher börsennotierten Unternehmen dar.

---

[31] Vgl. Conen, R./ Väth, H. (1993), Risikoprämien am Deutschen Kapitalmarkt, S. 642ff.
[32] Composite Deutscher Aktienindex.
[33] Fehlende Kursangaben, EPS, Anzahl der Mitarbeiter, etc.

Die Daten der jeweiligen Variablen ergeben sich aus der relativen Veränderung der ermittelten Werte zum Vorjahr, sodass die Werte in der Stichprobe die Veränderungsrate des Jahres 2006 zum 2005 darstellen.

4.1.1 Analyse der Stichprobe

In der vorliegenden Stichprobe sind insgesamt 298 gültige Werte enthalten. Das Minimum, Maximum und der Mittelwert sowie die Standardabweichung der jeweiligen Variablen sind der nachfolgenden Tabelle zu entnehmen.

Tabelle 2: Deskriptive Statistik

	N	Minimum	Maximum	Mittelwert	Standardabweichung
Umsatz pro Mitarbeiter	298	,0094	100,4101	1,509364	5,8766758
Gewinn pro Mitarbeiter	298	-70,1110	1085,7369	5,148029	63,3444744
Marktkapitalisierung pro Mitarbeiter	298	,1370	75,0721	1,559473	4,9350068
PVGO-Anteil im Kurs	298	-41,1900	664,6494	3,565012	38,9210743
Gültige Werte (Listenweise)	298				

Für jedes Variablenpaar wurde ein Korrelationskoeffizient berechnet.

Tabelle 3: Korrelationskoeffizienten

		Umsatz pro Mitarbeiter	Gewinn pro Mitarbeiter	Marktkapitalisierung pro Mitarbeiter	PVGO-Anteil im Kurs
Umsatz pro Mitarbeiter	Korrelation nach Pearson	1	,000	,848(**)	-,013
	Signifikanz (2-seitig)		,996	,000	,830
	N	298	298	298	298
Gewinn pro Mitarbeiter	Korrelation nach Pearson	,000	1	,002	,979(**)
	Signifikanz (2-seitig)	,996		,976	,000
	N	298	298	298	298
Marktkapitalisierung pro Mitarbeiter	Korrelation nach Pearson	,848(**)	,002	1	-,011
	Signifikanz (2-seitig)	,000	,976		,847
	N	298	298	298	298
PVGO-Anteil im Kurs	Korrelation nach Pearson	-,013	,979(**)	-,011	1
	Signifikanz (2-seitig)	,830	,000	,847	
	N	298	298	298	298

** Die Korrelation ist auf dem Niveau von 0,01 (2-seitig) signifikant.

Aus den vorliegenden Daten wird ersichtlich, dass zwischen dem Gewinn pro Mitarbeiter und dem PVGO - Anteil am Aktienkurs eine starke positive Korrelation besteht. Die Signifikanz dieses Korrelationskoeffizienten sagt aus, dass die beiden Variablen in der Grundgesamtheit mit einer Irrtumswahrscheinlichkeit von 0% unkorreliert sind. Dasselbe gilt für die Korrelation zwischen dem Umsatz pro Mitarbeiter und der Marktkapitalisierung pro Mitarbeiter, die allerdings etwas schwächer ausfällt.

Es bleibt an dieser Stelle jedoch anzumerken, dass selbst eine starke Korrelation nicht mit einem kausalen Zusammenhang zwischen den Variablen gleichgesetzt werden darf.

4.2 Multivariate Regression[34]

Im Rahmen der Untersuchung wird der PVGO-Anteil am Aktienkurs als eine abhängige Variable festgelegt. Ausgehend von den in den vorigen Kapiteln gewonnen Erkenntnissen soll auf Grundlage der Stichprobe auf einen positiven linearen Zusammenhang zwischen den erklärenden Variablen Umsatz pro Mitarbeiter (UpM), Gewinn pro Mitarbeiter (GpM) sowie Marktkapitalisierung pro Mitarbeiter (MpM) und der abhängigen Variablen PVGO - Anteil am Aktienkurs (Y) geschlossen werden.

Die H_0-Hypothese lautet somit $\beta_{1-3} = 0$ (es besteht kein positiver linearer Zusammenhang zwischen den Variablen) und die H_1-Hypothese $\beta_{1-3} > 0$ (es besteht ein positiver linearer Zusammenhang zwischen den Variablen).

Die lineare Beziehung zwischen den Variablen wird durch folgende Regressionsgleichung wiedergegeben[35]:

$$Y = - 0,030 \times UpM + 0,602 \times GpM - 0,072 \times MpM + 0,625$$

Für die erklärende Variable Gewinn pro Mitarbeiter wurde ein Regressionskoeffizient von 0,602 ermittelt, der auf einen positiven linearen Zusammenhang zwischen dem PVGO-Anteil am Aktienkurs und Gewinn pro Mitarbeiter hindeutet. Somit wird die H_0-Hypothese im Bezug auf diese Variable verworfen.

Die H_0-Hypothese, dass es keinen positiven linearen Zusammenhang zwischen den Variablen Umsatz pro Mitarbeiter ($\beta_1 = - 0,030$) sowie Marktkapitalisierung pro

---

[34] Die Auswertung von Modellergebnissen erfolgte in Anlehnung an Kappelhoff, P. (o.J.), Methoden der empirischen Wirtschafts- und Sozialforschung, Lineare Regressionsanalyse, S. 12ff.
[35] siehe Anhang 1.

Mitarbeiter ($\beta_3 = -0,072$) und der abhängigen Variablen PVGO-Anteil am Aktienkurs besteht, ist dagegen zu bestätigen.

Die Erklärungskraft des Gesamtmodells (R-Quadrat = 0,959) ist allerdings sehr hoch, d.h. die ausgewählten unabhängigen Variablen erklären zusammen 95,9% der Varianz der abhängigen Variablen PVGO-Anteil am Aktienkurs. Der Signifikanzwert des Modells beträgt 0,000, sodass man mit einer Irrtumswahrscheinlichkeit von 0,0% die H_0-Hypothese ablehnen kann.[36]

Der standardisierte partielle Regressionskoeffizient fällt für die Variable Gewinn pro Mitarbeiter mit einem Wert von 0,979 robust aus. Der Erklärungsbeitrag der Variablen Umsatz pro Mitarbeiter (Beta = - 0,004) und Marktkapitalisierung pro Mitarbeiter (Beta = - 0,009) fällt dagegen moderat aus. Der Einfluss der unabhängigen Variablen Gewinn pro Mitarbeiter ist erheblich größer als der Einfluss durch Umsatz pro Mitarbeiter sowie Marktkapitalisierung pro Mitarbeiter, die aus der statistischen Perspektive keinen Einfluss auf PVGO-Anteil am Aktienkurs ausüben (vgl. die standardisierten partiellen Regressionskoeffiziente im Anhang 1).[37]

Der t-Wert des Regressionskoeffizienten für Gewinn pro Mitarbeiter beträgt 82,668. „Die Auftretenswahrscheinlichkeit für einen so hohen Wert unter der Bedingung, dass der Wert des Regressionskoeffizienten in der Grundgesamtheit gleich Null ist, ist äußerst gering"[38] (Signifikanz von dem t-Wert 0,000). Damit gilt, dass der standardisierte Regressionskoeffizient für Gewinn pro Mitarbeiter (Beta = 0,979) signifikant von Null verschieden ist und zwar sowohl bei einem Sicherheitsniveau von 95% als auch von 99%. D.h. es kann mit einer Irrtumswahrscheinlichkeit von 0% davon ausgegangen werden, dass der in der H_1-Hypothese vermutete Zusammenhang hinsichtlich der unabhängigen Variable Gewinn pro Mitarbeiter eine Entsprechung in der Grundgesamtheit findet.[39]

4.2.1 Multivariate Regression der einzelnen Sektoren

Nach dem eine multivariate Regressionsanalyse der gesamten Stichprobe durchgeführt wurde, ist es von Interesse, wie die Zusammenhänge zwischen den Variablen in den einzelnen Sektoren ausfallen. Hierzu wird die Stichprobe in die einzelnen Sektoren je nach Branchenzugehörigkeit aufgeteilt.

---

[36] Vgl. Fahrmeir, L./ Künstler, R./ Pigeot, I./ Tutz, G. (2004), Statistik, S. 158ff.
[37] Vgl. Brosius, F. (2002), Datenbanken, S. 536ff.
[38] Kappelhoff, P. (o.J.), Methoden der empirischen Wirtschafts- und Sozialforschung, Lineare Regressionsanalyse, S. 17.
[39] Vgl. Brosius, F. (2002), Datenbanken, S. 539ff.

Da in der gesamten Stichprobe lediglich zwischen der erklärenden Variablen Gewinn pro Mitarbeiter und dem PVGO-Anteil am Aktienkurs ein statistisch signifikanter positiver linearer Zusammenhang festgestellt wurde, wird nur dieser bei der Sektorenanalyse explizit betrachtet. Die folgenden Tabellen geben einen Überblick über die Ergebnisse der durchgeführten Regressionsanalyse.[40]

Tabelle 4: Regressionsanalyse der Sektoren

Nr.	Sektor	gültige Werte	R-Quadrat	Standardisierten Betakoeffizient der erklärenden Variable GpM	Irrtums-wahrscheinlichkeit
1	Basic Materials, Utilities, Energy, Diverified	18	7,20%	0,149	11,60%
2	Communications	41	10,40%	-0,315	94,50%
3	Consumer, Cyclical	42	2,90%	0,181	69,70%
4	Consumer, Non-cyclical	54	3,70%	0,155	66,40%
5	Financial	27	23,60%	0,294	87,20%
6	Industrial	69	99,40%	0,997	0.00%
7	Technology	47	0,40%	-0,059	4,70%

Tabelle 5: Die Regressionsgleichungen der jeweiligen Sektoren

Nr.	Regressionsgleichung
1	$Y = -1,371 \times UpM + 0,039 \times GpM - 0,057 \times MpM + 2,334$
2	$Y = -1,585 \times UpM - 0,094 \times GpM + 0,320 \times MpM + 2,724$
3	$Y = -0,053 \times UpM + 0,380 \times GpM - 0,435 \times MpM + 1,348$
4	$Y = -0,172 \times UpM + 0,179 \times GpM - 1,526 \times MpM + 4,729$
5	$Y = -0,009 \times UpM + 0,202 \times GpM + 0,497 \times MpM + 0,002$
6	$Y = 0,400 \times UpM + 0,612 \times GpM - 2,428 \times MpM + 2,332$
7	$Y = -0,732 \times UpM - 0,065 \times GpM + 0,761 \times MpM - 11,164$

Besonderes Interesse weckt der Sektor „Industrial", bei dem das Bestimmheitsmaß R-Quadrat bei 99,40% etwas über dem Bestimmheitsmaß der gesamten Stichprobe (R-Quadrat = 95,9%) liegt. Der standardisierte partielle Regressionskoeffizient der Variablen Gewinn pro Mitarbeiter fällt in diesem Sektor mit einem Wert von 0,997 noch robuster als in der gesamten Stichprobe aus. Desweiteren weist die Variable Gewinn pro Mitarbeiter in diesem Sektor eine Irrtumswahrscheinlichkeit von 0,00%

---

[40] Detaillierte Darstellung ist dem Anhang 2 zu entnehmen.

auf. Im Gegensatz zu der gesamten Stichprobe sowie zu den anderen Sektoren, stellt man im Sektor „Industrial" einen positiven linearen Zusammenhang zwischen der Variablen Umsatz pro Mitarbeiter und dem PVGO-Anteil am Aktienkurs fest, jedoch mit einer hohen Irrtumswahrscheinlichkeit von 10,6%.

Im Weiteren stellt man fest, dass in den Sektoren „Communications" und „Technology" die Variable Gewinn pro Mitarbeiter keinen positiven linearen Zusammenhang mit PVGO-Anteil am Aktienkurs aufweist. Im Sektor „Technology" fällt dieser mit einer Irrtumswahrscheinlichkeit von 4,70% statistisch signifikant aus. Dagegen ist diese Aussage im Bezug auf den Sektor „Communications" nicht statistisch signifikant (Irrtumswahrscheinlichkeit von 94,50%). Der PVGO-Ansatz eignet sich insbesondere für die Bewertung von High-Tech-Unternehmen, bei denen der überwiegende Teil des Aktienkurses (> 50%) aus dem PVGO hervorgeht. Die Titel aus den betrachteten Sektoren werden häufig höher als Dividendentitel bewertet bzw. weisen ein hohes KGV auf. Dies könnte eine Erklärung dafür sein, dass der Gewinn pro Mitarbeiter keinen Einfluss auf PVGO-Anteil am Aktienkurs hat. Dagegen konnte bei diesen Sektoren ein positiver linearer, wenn auch statistisch nicht relevanter, Zusammenhang zwischen der Marktkapitalisierung pro Mitarbeiter und der abhängigen Variablen ermittelt werden.

4.3 Das Kausalmodell

Das Kausalmodell, auch Pfadmodell genannt, ist eine graphische Darstellung des kausalen und korrelativen Beziehungsgeflechts. Variablen und Faktoren werden in einem Modell zueinander in Beziehung gesetzt.

Um im Rahmen einer empirischen Untersuchung eine Aussage über das Vorhandensein einer Kausalitätsbeziehung treffen zu können, braucht man Informationen darüber, wie die einzelnen Faktoren, also die erklärenden Variablen, aufeinander und auf die definierte abhängige Variable vermutlich wirken.[41]

Grundlegend für die folgenden Überlegungen ist die Tatsache, dass die Kausalstrukturen des entwickelten Modells, also Kausalitätsbeziehungen zwischen den Variablen, rekursiv sind. D.h. sie enthalten keine kausalen Zyklen, die von einer Variablen ausgehen und indirekt auf diese zurückwirken. Für rekursive Pfadmodelle sind die Pfadkoeffizienten stets die standardisierten Regressionskoeffizienten. Die Kausalitätsrichtung[42] wird theoretisch festgelegt und geht der Regressionsanalyse

---

[41] Vgl. Kappelhoff, P. (o.J.), Methoden der empirischen Wirtschafts- und Sozialforschung, S. 36ff.
[42] Bestimmung der unabhängigen bzw. abhängigen Variablen.

voraus. Desweiteren wird eine lineare Beziehung zwischen den erklärenden Variablen und der abhängigen Variablen vorausgesetzt.[43] Folgende Abbildung stellt den graphischen Aufbau des Kausalmodells als Pfadmodell dar, wobei:

UpM = Umsatz pro Mitarbeiter
GpM = Gewinn pro Mitarbeiter
MpM = Marktkapitalisierung pro Mitarbeiter
PVGO = PVGO - Anteil am Aktienkurs

Abbildung 2: Kausalmodell als Pfadmodell

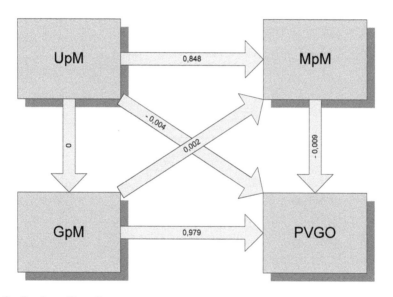

Quelle: eigene Darstellung

Abhängig von der Positionierung der jeweiligen Variablen innerhalb der Kausalstruktur wird zwischen einer antezedierenden (vorausgehenden) und einer intervenierenden (dazwischentretenden) Drittvariablen unterschieden.[44]

In einem vollständig rekursiven Modell wird zwischen zwei Variablen ein **direkter kausaler Effekt (Pfadkoeffizient)** vorausgesetzt. Der **indirekte kausale Effekt** wird durch eine intervenierende Variable erzeugt und entspricht dem Produkt der

---

[43] Vgl. Kappelhoff, P. (o.J.), Methoden der empirischen Wirtschafts- und Sozialforschung, S. 39ff.
[44] Vgl. Kappelhoff, P. (o.J.), Methoden der empirischen Wirtschafts- und Sozialforschung, S. 38.

15

zugeordneten Pfadkoeffizienten. Der **scheinkorrelative Effekt**[45] wird durch eine antezedierende Variable hervorgerufen, die beide Variablen kausal beeinflusst. Der scheinkorrelative Effekt entspricht ebenso dem Produkt der jeweiligen Pfadkoeffizienten.[46]

Abbildung 3: Zusammensetzung der Gesamtkorrelation

Quelle: eigene Darstellung in Anlehnung an Kappelhoff, P., S.48

Falls die Pfadkoeffizienten des Modells, also die direkten kausalen Effekte zwischen den Faktoren, nach Einbezug weiterer Variablen und der daraus resultierenden Effektzerlegung stabil bleiben, kann man mit einer gewissen Sicherheit davon ausgehen, ein zumindest annähernd realistisches Kausalmodell spezifiziert zu haben.[47] Generell gilt: wenn der Wert des Korrelationskoeffizienten zwischen den Variablen über dem des Pfadkoeffizienten liegt, wird vermutet, dass in der Beziehung zwischen den Variablen noch weitere Effekte außer dem direkten Effekt enthalten sind.

Nun lässt mit Hilfe des Kausalmodells überprüfen, wie stabil die ermittelten kausalen Beziehungen sind, d.h. ob sich diese nach der Zerlegung in einzelne kausale Effekte verändern.

Schritt 1:

In unserer empirischen Untersuchung wurde zunächst eine Korrelation zwischen dem UpM (erklärende Variable) und dem GpM (abhängige Variable) von 0,000 ermittelt. Diese Korrelation entspricht im Kausalmodell einem Pfadkoeffizienten von 0,000, der auf eine kausal nicht weiter spezifizierte korrelative Beziehung zwischen UpM und GpM hindeutet.

---

[45] Im Gegensatz zu dem direkten und dem indirekten kausalen Effekt beschreibt der scheinkorrelative Effekt keine Kausalbeziehung zwischen den beteiligten Variablen.
[46] Vgl. Kappelhoff, P. (o.J.), Methoden der empirischen Wirtschafts- und Sozialforschung, S. 47f.
[47] Vgl. Kappelhoff, P. (o.J.), Methoden der empirischen Wirtschafts- und Sozialforschung, S. 43.

Desweiteren wird die Korrelation zwischen UpM, GpM (erklärender Variablen) und MpM (abhängige Variable) untersucht.[48]

Die Korrelation zwischen UpM und MpM kann in Bezug auf Kausalität interpretiert werden als

- direkter kausaler Effekt von UpM auf MpM und
- indirekter kausaler Effekt von UpM über die intervenierende Variable GpM auf MpM.

Die Gesamtkorrelation zwischen UpM und MpM beträgt unter der Berücksichtigung der Effektzerlegung 0,848 (0,848 + 0*0,002).

D.h. die Beziehung zwischen den beiden Variablen resultiert nur aus einem direkten kausalen Effekt, sodass die Korrelation nach deren Zerlegung nicht abschwächt.

Die Korrelation zwischen GpM und MpM kann ebenfalls kausal interpretiert werden als:

- direkter kausaler Effekt von GpM auf MpM und
- scheinkorrelativer Effekt von antezedierenden Variablen UpM.

Die Gesamtkorrelation zwischen GpM und MpM beträgt unter der Berücksichtigung der Effektzerlegung 0,002 (0,002 + 0*0,848).

D.h. es besteht kein scheinkorrelativer Effekt von UpM über GpM auf MpM, sodass die kausal nicht weiter spezifizierte korrelative Beziehung zwischen den beiden variablen lediglich aus einem direkten kausalen Effekt hervorgeht.

Die Untersuchung des Modells mit drei Variablen hat gezeigt, dass die direkten kausalen Beziehungen zwischen den in das Modell aufgenommenen Variablen stabil sind.

Schritt 3:

Im Folgenden wird untersucht, ob die kausalen Beziehungen auch in einem Modell mit vier Variablen unverändert bleiben. Dazu werden die Effektzerlegung der Korrelation zwischen UpM, GpM sowie MpM (erklärende Variablen) und PVGO (abhängige Variable) einer näheren Betrachtung unterzogen (je Variablenpaar).

Die Korrelation zwischen UpM und PVGO setzt sich zusammen aus dem:

- direkten kausalen Effekt von UpM auf PVGO;

---

[48] Die jeweiligen Korrelationskoeffizienten können der Tabelle 3 entnommen werden. Die jeweiligen Pfadkoeffizienten sind der Abbildung 2 bzw. dem Anhang 3 zu entnehmen.

- indirekten kausalen Effekt von UpM über die intervenierende Variable GpM auf PVGO;
- und aus dem indirekten kausalen Effekt von UpM über die intervenierende Variable MpM auf PVGO.

Die Gesamtkorrelation zwischen UpM und PVGO beträgt unter der Berücksichtigung der Effektzerlegung - 0,01163 (- 0,004 + 0*0,979 + (- 0,009)*0,848). Die Korrelation zwischen den beiden Variablen wies einen Wert von (- 0,13) auf und der kausal nicht näher definierter korrelativer Pfadkoeffizient betrug (- 0,004). Nach der Effektzerlegung konnte man zusätzliche Effekte feststellen, durch die sich die Gesamtkorrelation erhöht hat, ohne dass die direkte Beziehung abgeschwächt wurde.

Die Korrelation zwischen GpM und PVGO setzt sich zusammen aus dem:
- direkten kausalen Effekt von GpM auf PVGO,
- indirekten kausalen Effekt von GpM über die intervenierende Variable MpM,
- scheinkorrelativen Effekt von antezedierenden Variable Upm,
- und aus dem scheinkorrelativen Effekt von antezedierenden Variable Upm, der zusätzlich einen indirekten kausalen Effekt über die MpM auf PVGO enthält.

Die Gesamtkorrelation zwischen GpM und PVGO beträgt unter der Berücksichtigung der Effektzerlegung 0,979 (0,979 + 0,002*(- 0,009) + 0*(- 0,004) + 0*0,848*(- 0,009)). D.h. zwischen diesen beiden Variablen sind keine zusätzlichen Effekte vorhanden, die auf deren direkte kausale Beziehung einwirken.

Die Korrelation zwischen MpM und PVGO setzt sich zusammen aus dem:
- direkter kausaler Effekt von MpM auf PVGO,
- scheinkorrelativen Effekt von antezedierenden Variablen UpM,
- scheinkorrelativen Effekt von antezedierenden Variablen GpM,
- und aus dem scheinkorrelativen Effekt von antezedierenden Variablen UpM, der zusätzlich einen indirekten kausalen Effekt auf PVGO über die GpM mit einschließt.

Die Gesamtkorrelation zwischen MpM und PVGO beträgt unter der Berücksichtigung der Effektzerlegung - 0,01043 (- 0,009 + 0,848*(- 0,004) + 0,002*0,979 + 0,848*0*0,979). Die Korrelation zwischen den beiden Variablen betrug (- 0,011) und der nicht weiter bestimmter korrelativer Pfadkoeffizient lag bei (- 0,009). Die Effektzerlegung führte zu weiteren Effekten, sodass sich durch diese zusätzlichen

Effekte die Gesamtkorrelation erhöht, die direkte Beziehung jedoch nicht abgeschwächt hat.

Zusammenfassend ist festzustellen, dass die direkten kausalen Beziehungen zwischen den Variablen als stabil betrachtet werden können.

5. Fazit

Die vorliegende Arbeit bringt zum Ausdruck, dass die Ermittlung des Unternehmenswertes sich notwendigerweise parallel zu den quantitativen Faktoren auf die qualitativen Faktoren stützen soll, denn der Einfluss der qualitativen Faktoren auf die Investitionsentscheidungen ist laut Studie von Ernst & Young nicht zu unterschätzen.

Im Rahmen dieser Untersuchung wurde empirisch nachgewiesen, dass das Human Capital eine zentrale Stellung in der Gesamtheit der qualitativen Faktoren einnimmt. Daher kommt bei der Betrachtung der qualitativen Faktoren in der Unternehmensbewertung, dem Human Capital, als dem Schlüsselfaktor, eine besondere Bedeutung zu. Dies wurde durch die Ergebnisse der durchgeführten empirischen Untersuchung belegt.

Das auf der Basis der ermittelten Human Capital Kennzahlen aufgestellte Modell weist bei der Untersuchung der gesamten Stichprobe einen Bestimmheitsmaß, also einen Gesamterklärungswert von 95,9% auf. Dieses Ergebnis ist als sehr hoher Wert zu verzeichnen.

Da in diesem Modell nur der Gewinn pro Mitarbeiter, jedoch nicht der Umsatz- und die Markkapitalisierung pro Mitarbeiter eine Irrtumswahrscheinlichkeit von unter 0,05% aufweist, ist die H_1-Hypothese bezüglich der positiven Auswirkung von Human Capital auf PVGO-Anteil am Unternehmenswert nur hinsichtlich der Auswirkung der Kennzahl Gewinn pro Mitarbeiter statistisch signifikant.

Die oben genannten Ergebnisse fanden ihre Bestätigung vor allem bei der multivariaten Regressionsanalyse des Sektors „Industrial", bei dem die Resultate besser als in der Analyse der gesamten Stichprobe ausgefallen sind.

Im Fokus dieser Arbeit stand die Frage, ob der qualitative Faktor Human Capital den Unternehmenswert beeinflusst. Auf der Grundlage der empirischen Untersuchung wurde eindeutig festgestellt, dass das Human Capital, insbesondre dessen Leistungsfähigkeit, einen nicht zu unterschätzenden Einfluss auf den Unternehmenswert hat.

Anhang 1: Multivariate Regression der gesamten Stichprobe

Aufgenommene/Entfernte Variablen(b)

Modell	Aufgenommene Variablen	Entfernte Variablen	Methode
1	Marktkapitalisierung pro Mitarbeiter, Gewinn pro Mitarbeiter, Umsatz pro Mitarbeiter(a)	.	Eingeben

a Alle gewünschten Variablen wurden aufgenommen.
b Abhängige Variable: PVGO-Anteil am Aktienkurs

Modellzusammenfassung

Modell	R	R-Quadrat	Korrigiertes R-Quadrat	Standardfehler des Schätzers
1	,979(a)	,959	,958	7,9441237

a Einflußvariablen : (Konstante), Marktkapitalisierung pro Mitarbeiter, Gewinn pro Mitarbeiter, Umsatz pro Mitarbeiter

ANOVA(b)

Modell		Quadratsumme	df	Mittel der Quadrate	F	Signifikanz
1	Regression	431356,382	3	143785,461	2278,363	,000(a)
	Residuen	18554,076	294	63,109		
	Gesamt	449910,458	297			

a Einflußvariablen : (Konstante), Marktkapitalisierung pro Mitarbeiter, Gewinn pro Mitarbeiter, Umsatz pro Mitarbeiter
b Abhängige Variable: PVGO-Anteil am Aktienkurs

Koeffizienten(a)

Modell		Nicht standardisierte Koeffizienten		Standardisierte Koeffizienten		
		B	Standardfehler	Beta	T	Signifikanz
1	(Konstante)	,625	,484		1,291	,198
	Umsatz pro Mitarbeiter	-,030	,148	-,004	-,200	,841
	Gewinn pro Mitarbeiter	,602	,007	,979	82,668	,000
	Marktkapitalisierung pro Mitarbeiter	-,072	,176	-,009	-,409	,683

a Abhängige Variable: PVGO-Anteil am Aktienkurs

20

Anhang 2: Multivariate Regression der einzelnen Sektoren

Sektor: Basic Materials, Utilities, Energy, Diverified

Aufgenommene/Entfernte Variablen(b)

Modell	Aufgenommene Variablen	Entfernte Variablen	Methode
1	Marktkapitalisierung pro Mitarbeiter, Umsatz pro Mitarbeiter, Gewinn pro Mitarbeiter(a)	.	Eingeben

a Alle gewünschten Variablen wurden aufgenommen.
b Abhängige Variable: PVGO-Anteil am Aktienkurs

Modellzusammenfassung(b)

Modell	R	R-Quadrat	Korrigiertes R-Quadrat	Standardfehler des Schätzers
1	,269(a)	,072	-,127	,8834146

a Einflußvariablen : (Konstante), Marktkapitalisierung pro Mitarbeiter, Umsatz pro Mitarbeiter, Gewinn pro Mitarbeiter
b Abhängige Variable: PVGO-Anteil am Aktienkurs

ANOVA(b)

Modell		Quadratsumme	df	Mittel der Quadrate	F	Signifikanz
1	Regression	,849	3	,283	,363	,781(a)
	Residuen	10,926	14	,780		
	Gesamt	11,775	17			

a Einflußvariablen : (Konstante), Marktkapitalisierung pro Mitarbeiter, Umsatz pro Mitarbeiter, Gewinn pro Mitarbeiter
b Abhängige Variable: PVGO-Anteil am Aktienkurs

Koeffizienten(a)

Modell		Nicht standardisierte Koeffizienten		Standardisierte Koeffizienten		
		B	Standardfehler	Beta	T	Signifikanz
1	(Konstante)	2,334	1,539		1,516	,152
	Umsatz pro Mitarbeiter	-1,371	1,427	-,277	-,961	,353
	Gewinn pro Mitarbeiter	,039	,261	,047	,149	,884
	Marktkapitalisierung pro Mitarbeiter	-,057	,380	-,043	-,149	,884

a Abhängige Variable: PVGO-Anteil am Aktienkurs

Sektor: Communications

Aufgenommene/Entfernte Variablen(b)

Modell	Aufgenommene Variablen	Entfernte Variablen	Methode
1	Marktkapitalisierung pro Mitarbeiter, Gewinn pro Mitarbeiter, Umsatz pro Mitarbeiter(a)	.	Eingeben

a Alle gewünschten Variablen wurden aufgenommen.
b Abhängige Variable: PVGO- PVGO-Anteil am Aktienkurs

Modellzusammenfassung(b)

Modell	R	R-Quadrat	Korrigiertes R-Quadrat	Standardfehler des Schätzers
1	,322(a)	,104	,031	3,4259390

a Einflußvariablen : (Konstante), Marktkapitalisierung pro Mitarbeiter, Gewinn pro Mitarbeiter, Umsatz pro Mitarbeiter
b Abhängige Variable: PVGO-Anteil am Aktienkurs

ANOVA(b)

Modell		Quadratsumme	df	Mittel der Quadrate	F	Signifikanz
1	Regression	50,299	3	16,766	1,428	,250(a)
	Residuen	434,271	37	11,737		
	Gesamt	484,570	40			

a Einflußvariablen : (Konstante), Marktkapitalisierung pro Mitarbeiter, Gewinn pro Mitarbeiter, Umsatz pro Mitarbeiter
b Abhängige Variable: PVGO-Anteil am Aktienkurs

Koeffizienten(a)

Modell		Nicht standardisierte Koeffizienten		Standardisierte Koeffizienten	T	Signifikanz
		B	Standardfehler	Beta		
1	(Konstante)	2,724	1,886		1,445	,157
	Umsatz pro Mitarbeiter	-1,585	1,655	-,166	-,958	,344
	Gewinn pro Mitarbeiter	-,094	,048	-,315	-1,981	,055
	Marktkapitalisierung pro Mitarbeiter	,320	1,518	,036	,211	,834

a Abhängige Variable: PVGO-Anteil am Aktienkurs

Sektor: Consumer, Cyclical

Aufgenommene/Entfernte Variablen(b)

Modell	Aufgenommene Variablen	Entfernte Variablen	Methode
1	Marktkapitalisierung pro Mitarbeiter, Gewinn pro Mitarbeiter, Umsatz pro Mitarbeiter(a)	.	Eingeben

a Alle gewünschten Variablen wurden aufgenommen.
b Abhängige Variable: PVGO-Anteil am Aktienkurs

Modellzusammenfassung(b)

Modell	R	R-Quadrat	Korrigiertes R-Quadrat	Standardfehler des Schätzers
1	,171(a)	,029	-,047	3,6763398

a Einflußvariablen : (Konstante), Marktkapitalisierung pro Mitarbeiter, Gewinn pro Mitarbeiter, Umsatz pro Mitarbeiter
b Abhängige Variable: PVGO-Anteil im Kurs

ANOVA(b)

Modell		Quadratsumme	df	Mittel der Quadrate	F	Signifikanz
1	Regression	15,463	3	5,154	,381	,767(a)
	Residuen	513,588	38	13,515		
	Gesamt	529,051	41			

a Einflußvariablen : (Konstante), Marktkapitalisierung pro Mitarbeiter, Gewinn pro Mitarbeiter, Umsatz pro Mitarbeiter
b Abhängige Variable: PVGO-Anteil am Aktienkurs

Koeffizienten(a)

Modell		Nicht standardisierte Koeffizienten		Standardisierte Koeffizienten	T	Signifikanz
		B	Standardfehler	Beta		
1	(Konstante)	1,348	2,904		,464	,645
	Umsatz pro Mitarbeiter	-,053	2,689	-,003	-,020	,984
	Gewinn pro Mitarbeiter	,380	,363	,181	1,044	,303
	Marktkapitalisierung pro Mitarbeiter	-,435	2,320	-,035	-,187	,852

a Abhängige Variable: PVGO-Anteil am Aktienkurs

Sektor: Consumer, Non-Cyclical

Aufgenommene/Entfernte Variablen(b)

Modell	Aufgenommene Variablen	Entfernte Variablen	Methode
1	Marktkapitalisierung pro Mitarbeiter, Umsatz pro Mitarbeiter, Gewinn pro Mitarbeiter(a)	.	Eingeben

a Alle gewünschten Variablen wurden aufgenommen.
b Abhängige Variable: PVGO-Anteil am Aktienkurs

Modellzusammenfassung(b)

Modell	R	R-Quadrat	Korrigiertes R-Quadrat	Standardfehler des Schätzers
1	,191(a)	,037	-,021	12,0836494

a Einflußvariablen : (Konstante), Marktkapitalisierung pro Mitarbeiter, Umsatz pro Mitarbeiter, Gewinn pro Mitarbeiter
b Abhängige Variable PVGO-Anteil am Aktienkurs

ANOVA(b)

Modell		Quadratsumme	df	Mittel der Quadrate	F	Signifikanz
1	Regression	277,340	3	92,447	,633	,597(a)
	Residuen	7300,729	50	146,015		
	Gesamt	7578,069	53			

a Einflußvariablen : (Konstante), Marktkapitalisierung pro Mitarbeiter, Umsatz pro Mitarbeiter, Gewinn pro Mitarbeiter
b Abhängige Variable: PVGO-Anteil am Aktienkurs

Koeffizienten(a)

Modell		Nicht standardisierte Koeffizienten		Standardisierte Koeffizienten	T	Signifikanz
		B	Standardfehler	Beta		
1	(Konstante)	4,729	5,303		,892	,377
	Umsatz pro Mitarbeiter	-,172	1,104	-,022	-,155	,877
	Gewinn pro Mitarbeiter	,179	,184	,155	,972	,336
	Marktkapitalisierung pro Mitarbeiter	-1,526	4,168	-,058	-,366	,716

a Abhängige Variable: PVGO-Anteil am Aktienkurs

24

Sektor: Financial

Aufgenommene/Entfernte Variablen(b)

Modell	Aufgenommene Variablen	Entfernte Variablen	Methode
1	Marktkapitalisierung pro Mitarbeiter, Umsatz pro Mitarbeiter, Gewinn pro Mitarbeiter(a)	.	Eingeben

a Alle gewünschten Variablen wurden aufgenommen.
b Abhängige Variable: PVGO-Anteil am Aktienkurs

Modellzusammenfassung(b)

Modell	R	R-Quadrat	Korrigiertes R-Quadrat	Standardfehler des Schätzers
1	,486(a)	,236	,137	,6743546

a Einflußvariablen : (Konstante), Marktkapitalisierung pro Mitarbeiter, Umsatz pro Mitarbeiter, Gewinn pro Mitarbeiter
b Abhängige Variable: PVGO-Anteil am Aktienkurs

ANOVA(b)

Modell		Quadratsumme	df	Mittel der Quadrate	F	Signifikanz
1	Regression	3,233	3	1,078	2,370	,097(a)
	Residuen	10,459	23	,455		
	Gesamt	13,693	26			

a Einflußvariablen : (Konstante), Marktkapitalisierung pro Mitarbeiter, Umsatz pro Mitarbeiter, Gewinn pro Mitarbeiter
b Abhängige Variable: PVGO-Anteil am Aktienkurs

Koeffizienten(a)

Modell		Nicht standardisierte Koeffizienten		Standardisierte Koeffizienten	T	Signifikanz
		B	Standardfehler	Beta		
1	(Konstante)	,002	,337		,006	,995
	Umsatz pro Mitarbeiter	-,009	,040	-,040	-,217	,830
	Gewinn pro Mitarbeiter	,202	,128	,294	1,580	,128
	Marktkapitalisierung pro Mitarbeiter	,497	,205	,452	2,422	,024

a Abhängige Variable: PVGO-Anteil am Aktienkurs

Sektor: Industrial

Aufgenommene/Entfernte Variablen(b)

Modell	Aufgenommene Variablen	Entfernte Variablen	Methode
1	Marktkapitalisierung pro Mitarbeiter, Gewinn pro Mitarbeiter, Umsatz pro Mitarbeiter(a)	.	Eingeben

a Alle gewünschten Variablen wurden aufgenommen.
b Abhängige Variable: PVGO-Anteil am Aktienkurs

Modellzusammenfassung(b)

Modell	R	R-Quadrat	Korrigiertes R-Quadrat	Standardfehler des Schätzers
1	,997(a)	,994	,994	6,2205952

a Einflußvariablen : (Konstante), Marktkapitalisierung pro Mitarbeiter, Gewinn pro Mitarbeiter, Umsatz pro Mitarbeiter
b Abhängige Variable: PVGO-Anteil am Aktienkurs

ANOVA(b)

Modell		Quadratsumme	df	Mittel der Quadrate	F	Signifikanz
1	Regression	434114,746	3	144704,915	3739,550	,000(a)
	Residuen	2515,227	65	38,696		
	Gesamt	436629,973	68			

a Einflußvariablen : (Konstante), Marktkapitalisierung pro Mitarbeiter, Gewinn pro Mitarbeiter, Umsatz pro Mitarbeiter
b Abhängige Variable: PVGO-Anteil am Aktienkurs

Koeffizienten(a)

Modell		Nicht standardisierte Koeffizienten		Standardisierte Koeffizienten	T	Signifikanz
		B	Standardfehler	Beta		
1	(Konstante)	2,332	3,347		,697	,488
	Umsatz pro Mitarbeiter	,400	2,988	,001	,134	,894
	Gewinn pro Mitarbeiter	,612	,006	,997	101,861	,000
	Marktkapitalisierung pro Mitarbeiter	-2,428	1,297	-,018	-1,872	,066

a Abhängige Variable: PVGO-Anteil am Aktienkurs

Sektor: Technology

Aufgenommene/Entfernte Variablen(b)

Modell	Aufgenommene Variablen	Entfernte Variablen	Methode
1	Marktkapitalisierung pro Mitarbeiter, Gewinn pro Mitarbeiter, Umsatz pro Mitarbeiter(a)	.	Eingeben

a Alle gewünschten Variablen wurden aufgenommen.
b Abhängige Variable: PVGO-Anteil am Aktienkurs

Modellzusammenfassung(b)

Modell	R	R-Quadrat	Korrigiertes R-Quadrat	Standardfehler des Schätzers
1	,060(a)	,004	-,066	92,1874132

a Einflußvariablen : (Konstante), Marktkapitalisierung pro Mitarbeiter, Gewinn pro Mitarbeiter, Umsatz pro Mitarbeiter
b Abhängige Variable: PVGO-Anteil am Aktienkurs

ANOVA(b)

Modell		Quadratsumme	df	Mittel der Quadrate	F	Signifikanz
1	Regression	1333,809	3	444,603	,052	,984(a)
	Residuen	365436,324	43	8498,519		
	Gesamt	366770,133	46			

a Einflußvariablen : (Konstante), Marktkapitalisierung pro Mitarbeiter, Gewinn pro Mitarbeiter, Umsatz pro Mitarbeiter
b Abhängige Variable: PVGO-Anteil am Aktienkurs

Koeffizienten(a)

Modell		Nicht standardisierte Koeffizienten		Standardisierte Koeffizienten		
		B	Standardfehler	Beta	T	Signifikanz
1	(Konstante)	-11,164	14,133		-,790	,434
	Umsatz pro Mitarbeiter	-,732	1,886	-,119	-,388	,700
	Gewinn pro Mitarbeiter	-,065	1,087	-,009	-,059	,953
	Marktkapitalisierung pro Mitarbeiter	,761	2,229	,104	,341	,734

a Abhängige Variable: PVGO-Anteil am Aktienkurs

Anhang 3: Pfadkoeffizienten

Zum Schritt 1:

Aufgenommene/Entfernte Variablen(b)

Modell	Aufgenommene Variablen	Entfernte Variablen	Methode
1	Umsatz pro Mitarbeiter(a)	.	Eingeben

a Alle gewünschten Variablen wurden aufgenommen.
b Abhängige Variable: Gewinn pro Mitarbeiter

Modellzusammenfassung

Modell	R	R-Quadrat	Korrigiertes R-Quadrat	Standardfehler des Schätzers
1	,000(a)	,000	-,003	63,4513824

a Einflußvariablen : (Konstante), Umsatz pro Mitarbeiter

ANOVA(b)

Modell		Quadratsumme	df	Mittel der Quadrate	F	Signifikanz
1	Regression	,097	1	,097	,000	,996(a)
	Residuen	1191719,065	296	4026,078		
	Gesamt	1191719,162	297			

a Einflußvariablen : (Konstante), Umsatz pro Mitarbeiter
b Abhängige Variable: Gewinn pro Mitarbeiter

Koeffizienten(a)

Modell		Nicht standardisierte Koeffizienten		Standardisierte Koeffizienten	T	Signifikanz
		B	Standardfehler	Beta		
1	(Konstante)	5,153	3,795		1,358	,176
	Umsatz pro Mitarbeiter	-,003	,627	**,000**	-,005	,996

a Abhängige Variable: Gewinn pro Mitarbeiter

<u>Zum Schritt 2:</u>

Aufgenommene/Entfernte Variablen(b)

Modell	Aufgenommene Variablen	Entfernte Variablen	Methode
1	Gewinn pro Mitarbeiter, Umsatz pro Mitarbeiter(a)	.	Eingeben

a Alle gewünschten Variablen wurden aufgenommen.
b Abhängige Variable: Marktkapitalisierung pro Mitarbeiter

Modellzusammenfassung

Modell	R	R-Quadrat	Korrigiertes R-Quadrat	Standardfehler des Schätzers
1	,848(a)	,719	,717	2,6249122

a Einflußvariablen : (Konstante), Gewinn pro Mitarbeiter, Umsatz pro Mitarbeiter

ANOVA(b)

Modell		Quadratsumme	df	Mittel der Quadrate	F	Signifikanz
1	Regression	5200,626	2	2600,313	377,395	,000(a)
	Residuen	2032,598	295	6,890		
	Gesamt	7233,225	297			

a Einflußvariablen : (Konstante), Gewinn pro Mitarbeiter, Umsatz pro Mitarbeiter
b Abhängige Variable: Marktkapitalisierung pro Mitarbeiter

Koeffizienten(a)

Modell		Nicht standardisierte Koeffizienten		Standardisierte Koeffizienten	T	Signifikanz
		B	Standardfehler	Beta		
1	(Konstante)	,484	,157		3,073	,002
	Umsatz pro Mitarbeiter	,712	,026	,848	27,473	,000
	Gewinn pro Mitarbeiter	,000	,002	,002	,064	,949

a Abhängige Variable: Marktkapitalisierung pro Mitarbeiter

Zum Schritt 3:

Aufgenommene/Entfernte Variablen(b)

Modell	Aufgenommene Variablen	Entfernte Variablen	Methode
1	Marktkapitalisierung pro Mitarbeiter, Gewinn pro Mitarbeiter, Umsatz pro Mitarbeiter(a)	.	Eingeben

a Alle gewünschten Variablen wurden aufgenommen.
b Abhängige Variable: PVGO-Anteil am Aktienkurs

Modellzusammenfassung

Modell	R	R-Quadrat	Korrigiertes R-Quadrat	Standardfehler des Schätzers
1	,979(a)	,959	,958	7,9441237

a Einflußvariablen : (Konstante), Marktkapitalisierung pro Mitarbeiter, Gewinn pro Mitarbeiter, Umsatz pro Mitarbeiter

ANOVA(b)

Modell		Quadratsumme	df	Mittel der Quadrate	F	Signifikanz
1	Regression	431356,382	3	143785,461	2278,363	,000(a)
	Residuen	18554,076	294	63,109		
	Gesamt	449910,458	297			

a Einflußvariablen : (Konstante), Marktkapitalisierung pro Mitarbeiter, Gewinn pro Mitarbeiter, Umsatz pro Mitarbeiter
b Abhängige Variable: PVGO-Anteil am Aktienkurs

Koeffizienten(a)

Modell		Nicht standardisierte Koeffizienten		Standardisierte Koeffizienten	T	Signifikanz
		B	Standardfehler	Beta		
1	(Konstante)	,625	,484		1,291	,198
	Umsatz pro Mitarbeiter	-,030	,148	-,004	-,200	,841
	Gewinn pro Mitarbeiter	,602	,007	,979	82,668	,000
	Marktkapitalisierung pro Mitarbeiter	-,072	,176	-,009	-,409	,683

a Abhängige Variable: PVGO-Anteil am Aktienkurs

Quellenverzeichnis

Literaturquellen:

Baetge, J./ Kirsch H./ Thiele S. (2004): IDW Verlag GmbH (Hrsg.): Bilanzanalyse, 2. Auflage, Düsseldorf.

Ballwieser W. (2002): Unternehmensbewertung, Prozess, Methoden und Probleme, 2. Auflage, Schäffer-Poeschel Verlag, Stuttgart.

Brealey, R./ Myers, S. (2003): Stephen M. Patterson (Hrsg.): Principals of Corporate Finance, 7. Auflage, McGraw-Hill Companies Inc., New York.

Brosius F. (2002): Datenbanken, SPSS 11, 1. Auflage, mitp Verlag, Bonn.

Caspers, R. (1996): European Buisness School (Hrsg.): Anforderungen an internationale Manager im Zeitalter der Globalisierung, in: European Buisness School, Erfahrung – Bewegung – Strategien, Wiesbaden.

Coenenberg A. (2005): Jahresabschluss und Jahresabschlussanalyse, Betriebswirtschaftliche, handelsrechtliche, steuerrechtliche und internationale Grundsätze – HGB, IFRS und US-GAAP, 20. Auflage, Schäffer-Poeschel Verlag, Stuttgart.

Coenenberg A./ Schultze, W. (2002): Unternehmensbewertung, Konzeptionen und Perspektiven, in: Die Betriebswirtschaft (DBW), Heft 6, Schäffer-Poeschel Verlag, Stuttgart.

Conen R./ Väth, H. (1993): Risikoprämien am Deutschen Kapitalmarkt, in: Die Bank 1993, Heft 11.

Dzinkowski, R. (2000): The measurement and management of intellectual capital: An Introduction, in: Management Accounting, Volume 78, Issue 2.

Erickson, S./ Rothberg, H. (2000): Intellectual capital and competitiveness, Guidelines for policy, in: Competitiveness Review, Volume 10, Issue 2.

Fahrmeir L./ Künstler R./ Pigeot I./ Tutz G. (2004): Statistik, Der Weg zur Datenanalyse, 5. Auflage, Springer-Verlag, Berlin.

Hail, L./ Meyer, C. (2002): Unternehmensbewertung: Ansatzpunkte und Methoden zur Umwandlung der Gewinn- und Cash Flow- Prognosen in konkrete Wertansätze für Investoren, in: Der Schweizer Treuhänder 6-7.

Kappelhoff, P. (o.J.): Methoden der empirischen Wirtschafts- und Sozialforschung, Skript zur Vorlesung, 4. Auflage, Wuppertal.

Le Blanc, P./ Muley, P./ Rich, J. (2000): Improving the Return on Human Capital: New Metrics, in: Strategy Compensation.

Scholz C./ Stein V./ Bechtel R. (2004): Human Capital Management, Wege aus der Unverbindlichkeit, Luchterhand, München.

Uzik, M. (2004): Berücksichtigung der Informationsunsicherheitsprämie im Capital Asset Pricing Model, 1.Auflage, JOSEF EUL VERLAG GmbH, Lohmar – Köln.

Internetquellen:

Mavrinac, S./ Siesfeld, T (1998): OECD (Hrsg.): Measures that Matters, An Exploratory Investigation of Investors' Information Needs and Value Priorities, URL: http://www.oecd.org/dataoecd/45/25/1943389.pdf, (01.10.2007).

Hamel, W. (o.J.), Qualitative Unternehmensbewertung – Jenseits von Bilanz und Gewinn und Verlust (GuV),
URL: http://www.uni-duesseldorf.de/home/Jahrbuch/2001/PDF/pageshamel.pdf, (20.08.2007).

Hauser, T. (2002): Die Bedeutung qualitativer Aspekte bei der Bewertung von Akquisitionskandidaten,
URL: http://mypage.bluewin.ch/a-z/Tobias_Hauser/Diplomarbeit_Tobias_Hauser.pdf, (04.06.2007).

Wucknitz (2002): Handbuch Personalbewertung, Schäffer-Poeschel Verlag, Stuttgart, URL: https://www.schaeffer-poeschel.de/download/leseproben/978-3-7910-2050-1.pdf, (15.10.2007).

URL: http://www.onvista.de/index.html, (21.08.2007).